AF249474

L'ABBÉ DANIEL

VICAIRE GÉNÉRAL

DU DIOCÈSE DE QUIMPER,

Décédé le 26 novembre 1868.

QUIMPER,

Typographie de Ar. de Kerangal.

L'ABBÉ DANIEL

Vicaire général du diocèse de Quimper, décédé le 26 novembre 1868.

Obdormivit in Domino.

Encore un cœur généreux qui a cessé de battre.... M. Yves Daniel, vicaire général, ancien supérieur du grand séminaire de Quimper, ancien principal du collége de Lesneven, ancien supérieur du petit séminaire de Saint Pôl de Léon, a été enlevé le 26 novembre 1868, à l'affection, à l'estime, à la gratitude de nombreux amis qui portent son deuil. Jusqu'à son dernier jour, sa belle âme rayonnait de bienveillante bonté, de droiture, d'honneur, de loyauté et de sentiments chrétiens.

M. Daniel naquit à Brasparts, en 1807, d'une de ces robustes familles bretonnes, chez lesquelles la foi est inébranlable. — Il fit avec distinction ses études classiques au collége de Quimper, puis il entra au grand séminaire de cette ville. — Devenu prêtre, il consacra sa vie à l'instruction de la jeunesse, avec un zèle vraiment apostolique. — La révolution de 1830 jeta dans l'instruction publique, dans le Finistère plus qu'ailleurs peut-être, une grande perturbation, les professeurs ecclésiastiques des colléges de Quimper et de Saint Pôl de Léon, (les seuls avec le petit séminaire de Pont-Croix qui existassent alors dans le département) refusèrent le serment au nouvel ordre de choses et se retirèrent.

Cependant l'abbé Roudaut, ancien principal du collége de Quimper, fonda un nouveau collége dans la ville de Lesneven et y appela M. Daniel, nouvellement ordonné prêtre. Celui-ci y professa pendant quelques années, jusqu'à ce que M. l'abbé Monfort rentra comme principal au collége de Léon, d'où ce dernier était aussi sorti en 1830, pour refus de serment. Un second pensionnat, sous le nom de petit séminaire, fut établi à côté du collége. L'abbé Daniel fut placé par son Évèque à la tête de ce nouvel établissement, qui ne tarda pas à prospérer sous son habile direction. Là, il nous a été donné de partager ses joies et ses peines pendant un an ; amis d'enfance, nous avons toujours été amis de cœur et jamais aucun nuage n'est venu obscurcir cette amitié. — Il nous sera sans doute permis, les morts n'ont pas de courtisans, de rendre à cet ami dévoué, à ce savant modeste, à ce saint prêtre, un témoignage public de notre affection, de notre estime et de notre reconnaissance, persuadé que nous ne serons que l'interprète des sentiments de tous ceux qui ont eu le bonheur de le connaître et de l'aimer. — Il dirigeait depuis quelques années le petit séminaire de Saint Pôl de Léon, quand l'administration municipale de Lesneven vint prier M. Daniel de prendre la direction de son collége, tombé dans un état d'infériorité déplorable. — L'abbé Monfort voulut le retenir à Saint Pôl, lui offrant de le faire nommer son successeur, il refusa. — Fidèle à sa parole, il se rendit à Lesneven, où il eût tout à créer. Il commença par reconstruire les bâtiments en ruine de son collége et y employa son patrimoine et celui de son frère, l'abbé François Daniel, recteur de Loctudy, qu'il eût la douleur de perdre à cette époque. — Aimé de ses professeurs et de ses élèves, il fit prospérer le collége de Lesneven, qui devint, en peu de temps, un des meilleurs colléges de la Basse-Bretagne. — Mgr Graveran, de sainte mémoire, qui l'avait encouragé, venait de mourir. Son successeur sur le siége de Saint Corentin, Mgr Sergent, à son arrivée dans le diocèse distingua l'abbé Daniel. — Bien choisir, c'est bien gouverner. — Il l'appela à la direction de son grand séminaire. — Jamais choix ne fut plus heureux, ni plus sympathique au clergé.

Dans ce poste difficile, le plus important d'un diocèse, *ars artium regimen animarum* « la conduite des âmes est l'art des arts » et quelles âmes! les âmes de ceux qui vont être en spectacle à Dieu, aux anges et aux hommes, et qui confirmeront leurs frères dans la foi!... dans ce poste redoutable, le nouveau directeur du grand séminaire de Quimper, déploya tous les trésors de son cœur, de son intelligence et de sa piété. — Scrupuleux observateur de la règle, sévère pour lui-même, il donnait à tous l'exemple de toutes les vertus. Il aimait d'un amour filial l'Église de Dieu et travaillait à lui donner dans ses élèves de dignes ministres. — Modeste dans ses vêtements, dans ses goûts, sa chambre était celle d'un séminariste ou plutôt d'un anachorète. Il ne s'y trouvait que quelques pauvres meubles, un crucifix et quelques livres de choix. Son temps se partageait entre l'étude et la prière : il aimait la solitude, fuyait le monde, évitait les réunions et ne sortait que pour remplir des devoirs de charité ou de bienséance ; il répétait souvent ce vers du poëte latin :

Sed fugit interea, fugit irreparabile tempus.

Le temps c'est l'argent, disent les Américains : l'Abbé Daniel, peu soucieux des biens de ce monde, envisageait le temps sous un point de vue plus élevé, et l'employait à la gloire de Dieu, au bien de l'Église et au salut des âmes ; dédaignant les futilités, les niaiseries, les conversations inutiles ; méprisant les bavardages, les petites histoires et ces petits riens qui occupent une si large place dans l'existence des paresseux, des désœuvrés et des intrigants. Sa conversation était toujours noble, instructive et édifiante, il était d'un abord facile, d'une gaieté toujours aimable ; pour lui, chrétien et homme bien élevé, la charité n'était pas un vain mot, car il avait la foi, et ne permettait jamais qu'on violât en sa présence les saintes lois de cette vertu qui fait le bonheur de l'homme sur la terre, et sans laquelle ce monde serait un enfer. Homme du devoir, il était toujours à son poste ; c'est à peine, pendant les vacances, s'il prenait chaque année quinze à vingt jours de congé pour aller en pélerinage dans des sanctuaires vénérés, satisfaire sa piété ou visiter des amis et ses anciens élèves qu'il aimait, comme un père aime ses enfants ; il s'intéressait à eux, leur donnait de bons conseils, les aidait de son crédit et souvent de sa bourse ; il était heureux quand il les voyait parvenir à être quelque chose par la conduite et le travail. — Un des amis qu'il ne manquait jamais de visiter, pendant les vacances, était son compatriote, le vénérable abbé Keramanac'h, cœur d'or, pasteur modèle, aimé, vénéré de tous, qui fut, pendant près de cinquante ans, curé de Morlaix, et sur la tombe duquel la ville de Morlaix a fait ériger une magnifique statue.

M. Daniel était né non loin de Rumengol, où,

souvent dans son enfance, il avait été conduit par sa
pieuse mère, comme l'a été par la sienne celui qui
écrit ces lignes. — Il aimait à aller prier dans ce
sanctuaire vénéré qui lui rappelait les doux souvenirs
de son enfance et les souvenirs, non moins doux,
d'une bonne mère qui l'avait voué, encore enfant,
à la Sainte Vierge, comme le font, touchant et pieux
usage, toutes les mères bretonnes. — Que de fois
nous avons vu là, dans cette dévote église, ce saint
prêtre, bien longtemps avant l'aurore, donner la
communion aux pélerins, bénir leurs chapelets, leurs
croix et leurs médailles, et ayant à peine pris quelque
nourriture pour réparer ses forces, rester dans un
confessional, jusqu'à une heure très-avancée de la
nuit, sans pouvoir écouter, tant le nombre des fidèles
était grand, tous ceux qui se présentaient à son
tribunal.

Un jour de pardon, contemplant la piété et la fer-
veur de cette immense foule de pélerins accourus à
Rumengol de tous les points de la Bretagne, il s'écria,
ravi d'admiration et les larmes dans les yeux : —
« O peuple!... que Dieu t'accorde ce que tu lui de-
« mandes avec tant de foi!... »

L'abbé Daniel parlait la langue bretonne avec faci-
lité et élégance ; il aimait et encourageait les écrivains
qui s'en occupent sérieusement et se donnent la peine
de la parler et de l'écrire correctement, ce qui n'est
pas difficile ; il se tenait au courant des progrès que

fait, depuis quelques années, cette belle et vieille langue que parlaient autrefois les saints de Bretagne, quand ils ont converti nos pères à la foi.

Depuis quelques mois, la santé de l'abbé Daniel déclinait rapidement ; le 15 août 1868, nous trouvant ensemble sur le parvis de cette magnifique basilique de Saint-Corentin, que Mgr Graveran avait achevée et que Mgr Sergent vient de restaurer d'une manière splendide, le saint prêtre nous dit avec un sourire doux et triste :

« Mon cher ami, j'ai peu de temps à vivre ; la mort
« approche, je l'attends, je m'y prépare. — Aimons
« bien le bon Dieu et la Sainte Vierge, la Vierge de
« Rumengol, Notre-Dame à nous, Cornouaillais, la
« Patronne de nos parents. — « *Kan bepred war*
« *delen Remengol*; aimons les saints de notre pays...
« nous les verrons bientôt *là haut*.... » et il éleva
la main vers le Ciel, en regardant, d'un regard de
tendresse, les merveilleuses tours de la cathédrale
de Saint Corentin. — Nous entrâmes ensemble dans
le saint lieu, pour ne plus nous revoir sur la terre.

Une belle mort a couronné cette belle vie. La mort ne l'a pas surpris : il s'était préparé à ce moment douloureux par la fidélité à ses devoirs, qu'il a eu le courage de remplir jusqu'au dernier jour. Son attachement à l'Église et à la foi de ses pères était ferme et éclairé, ses maximes étaient la règle de sa vie. —

Au moment du danger, il a reçu les derniers sacre-
ments avec toute la vivacité de sa foi et la lucidité
de sa raison ; sa résignation à la volonté de Dieu
a été pleine, entière, sans réserve, et il s'est endormi
dans le Seigneur, le 26 novembre 1868, à l'âge de
61 ans. — Son corps a été enterré dans le cimetière
du grand séminaire de Quimper et repose au milieu
de sa famille spirituelle qu'il avait tant aimée.

M. Daniel, par la modération de son caractère,
par l'élévation de son intelligence, la noblesse de
ses sentiments, s'était concilié l'estime, l'affection,
le respect de tous ceux qui eurent le bonheur de le
connaitre. — Cette mort prive le diocèse de Quimper
d'un homme excellent, d'un savant modeste et d'un
prêtre modèle.

Et maintenant, prêtre du Dieu vivant, ami fidèle,
repose en paix sur la terre de Saint Corentin, avec
ces illustres évêques, ces saints prêtres qui t'ont pré-
cédé avec le signe du salut ; — tes amis garderont
ta mémoire, *in memoriâ œternâ erit justus*, et les
disciples que tu as formés aux sublimes vertus sacer-
dotales, transmettront à leurs successeurs le dépôt
sacré de la foi que tu leur as confié, foi robuste
qui fut et qui sera, s'il plait à Dieu, jusqu'au dernier
jour du monde, l'honneur et la gloire de *Breiz-Izel*.

CHANT.

CHANT

En l'honneur de Monsieur YVES DANIEL, *vicaire général de l'Évèché de Quimper, chanoine, ancien supérieur du grand seminaire, ancien principal du collége de Lesneven, ancien supérieur du petit seminaire de St-Pol-de-Léon, décédé à Quimper le 26 novembre 1868.*

Sur l'air de Gralon.

> *La mémoire du juste
> vivra éternellement.*

Dieu est venu t'appeler à lui,
Mon cher ami, Yves Daniel,
Dieu a déposé sur ton front
La couronne des élus.

Au paradis, avec la Sainte Vierge
Avec les saints de Bretagne et les anges
Une couronne t'a été donnée ;
Tu l'as gagnée en ce monde.

Tu as aimé de tout ton cœur,
La vierge de Rumengol, Notre Dame.
Tu as aimé l'Église de Dieu,
Et aussi notre pays de Bretagne.

GWERZ

Ann Aotrou DANIEL, *vikel vraz a Escopti Kemper,
chaloni, bet e penn seminer braz Kemper, e penn
skolac'h Lesneven ha seminer bihan Kastel-Pol, maro
e Kemper ar 26 a viz du, er bloavez 1868.*

War don : Gralon.

*In memoriá æterna
erit justus.*

Doue a zo deut d'as kervel
Ma mignon ker, Ervoan Daniel ;
Doue 'n deuz laket war da benn
Er Baradoz eur gurunenn.

Er Barodoz gant ar Werc'hez
Gant sent Breiz ha gant ann elez,
Eur gurunen d'id zo roet,
Er bed e c'heuz he gounezet.

Karet c'héuz a greiz da galon,
Gwerc'hez Remengol, hon Itron ;
Karet c'heuz ann Iliz Santel,
Hag ivez hor bro Breiz-Izel.

Tu as aimé les pauvres malheureux,
Les nécesciteux, les affligés ;
Tu as ressemblé à notre Sauveur Jésus,
Bon pour tous, aimant tout le monde

Tu as aimé le pauvre pécheur,
Tu avais pour lui un cœur d'or ;
Tu l'as ramené à Dieu,
Et donné le salut à son âme.

Tu as aussi aimé les vieux saints
Qui sont maintenant au paradis,
Tu as été un bon et saint prêtre,
Le modèle des prêtres de Bretagne.

Homme de talent et de cœur,
Tu as toujours été un ami véritable ;
A tous dans l'Évêché de Quimper
Ta vie a servi de modèle.

Dors maintenant, heureux et sans reproche,
Dans la terre sacrée de Saint Corentin,
Prie Dieu de maintenir la foi
Parmi les prêtres et tous les bretons.

J.-P. M. Le Scour,

Barde de Notre-Dame de Rumengol.

Ar beorien gez a c'heuz karet
Ann dud ezommek, glac'haret ;
Bed oud 'vel hor Zalver Jesuz
Oc'h ann holl mad, karantezuz.

Te c'heuz karet ar pec'her paour
Vit han e poa eur galon aour ;
Hen distroet c'heuz oc'h Doue,
Roet silvidigez d'he ene.

Karet c'heuz ivez ar sent koz
A zo brema er Baradoz :
Bet oud beleg mad ha santel,
Skouer da veleien Breiz-Izel.

Den a skiant, den a galon
Bet oud bepred eur gwir vignon :
D'an holl enn Escopti Kemper
Oud bet kentel enn da amzer.

Kousk brema divlam ha lirzin
E douar sakr Sant Kaourintin ;
Ped Doue ma chomo ar feiz
Gant beleien hag holl dud Breiz.

I.-P.-M. Ar Seour.

Barz ann Itron Varia Remengol.

www.ingramcontent.com/pod-product-compliance
Lightning Source LLC
LaVergne TN
LVHW050432060726
842526LV00007B/2551